Aleix Saló

Aleix Saló publicó en 2009 su primer libro, *Fills dels 80: la generació Bombolla.* Ese mismo año inauguró su primera exposición en Barcelona, *CervezaBierAmigo,* y en marzo de 2010 expuso en Madrid *Madrilona,* una muestra sobre la siempre explotada relación entre Madrid y Barcelona, vista desde la sátira. Ha publicado viñetas de actualidad en diversas publicaciones *(Revista de Ripollet, Més Sabadell, Avui, Directe.cat, El Jueves, ADN, Público).* Su segundo libro, *Españistán: este país se va a la mierda* (2011) fue un revolucionario éxito de ventas. Aleix Saló también ha destacado por sus trabajos de animación: *Ratzinger Z* (sobre la visita del Papa a Barcelona), el vídeo promocional de *Españistán* (con millones de visitas en su canal de Youtube) y su participación en el documental *Hijos de las nubes, la última colonia,* de Javier Bardem y Álvaro Longoria. Su publicación más reciente es *Simiocracia: crónica de la gran resaca económica.*

Aleix Saló

SIMIOCRACIA

Crónica de la Gran Resaca Económica

DEBOLS!LLO

Segunda edición: abril, 2012

Printed in Spain – Impreso en España

ISBN: 978-84-9989-697-7
Depósito legal: B-6631-2012

Realización técnica: Estudio Fénix

Impreso en Liberdúplex, S. L. U.
Sant Llorenç d'Hortons (Barcelona)

P 996977

Los escritores, siglos atrás, en un intento de predisponer favorablemente al público, recurrían a menudo a la *captatio benevolentiae*, una introducción en la que el autor minimizaba sus méritos y confesaba con dramatismo sus limitaciones creativas. En el fondo, no era más que una artimaña discursiva repleta de falsa modestia que podríamos considerar un ejemplo primitivo de marketing.

Sin embargo, permitidme dar la lata con mi particular *captatio benevolentiae*, ya sea porque necesito compensar de alguna manera el inevitable tono triunfalista que acompañará la promoción de este libro, ya sea como terapia para mantener mi ego a la altura que le corresponde: el sótano.

Al fin y al cabo el grueso de mi trabajo no es más que un refrito de conclusiones y datos aportados por los medios de información, por una parte, y de jerga popular, chascarrillos de mi entorno y conversaciones de barra de bar y de foro virtual, por otra.

Sin ir más lejos, el título de mi anterior trabajo, *Españistán*, no era sino una adaptación del mote «Hispanistán» surgido en burbuja.info, un foro cuyos usuarios fueron pioneros en la denuncia de los excesos de la burbuja inmobiliaria, mucho antes de que los medios de comunicación se apuntaran al carro.

Debo añadir también que mi particular forma de describir algunos capítulos de la historia económica incurre a menudo en simplificaciones u omisiones para componer un relato más accesible. La pretensión no es otra que familiarizar al público con algunos conceptos económicos básicos para poder afrontar la compleja (y más rigurosa) información de los medios especializados.

Además, hay que tener en cuenta que la mayoría de datos que aporto suelen ser conocidos por el núcleo más activo de la audiencia.

Vamos, que mi trabajo es al periodismo especializado lo que las orquestas de pueblo son a la música superventas. Su meta no va más allá de interpretar versiones verbeneras de los grandes éxitos de la temporada anterior, pero también logran que tu tía la del pueblo baile como una posesa el último *hit* de Rihanna.

Y ante la extrema complejidad de la actual coyuntura económica, cuyas enrevesadas reglas suelen ser la coartada perfecta para ocultar todo de tipo de abusos y corruptelas, creo que cualquier tentativa de divulgación es poca, aunque venga de la mano de la sátira.

Respecto a la obra que tenéis entre manos, tan sólo quiero decir que es un enésimo cambio de rumbo con el que aún intento encontrar mi lugar en el mundo (profesional). Es decir, he parido un libro que poco tiene que ver con el formato de mi anterior cómic, *Españistán*, de la misma forma que este último poco tenía en común con el tono del vídeo promocional homónimo.

Entiendo que tanta esquizofrenia formal quizá pueda desorientar. Os pido disculpas por ello. Sin embargo, considerándome un autor aún bastante mediocre, y siendo éste un momento histórico lleno de incertidumbres, con los viejos modelos de comunicación desmoronándose, y con los nuevos caminos aún por asfaltar, la única vía que veo segura es la de la improvisación. Al fin y al cabo he cimentado mi carrera en el binomio prueba-error. Y ya me he pegado tantos castañazos que se han convertido en mi principal método de chequear la realidad.

En fin, ya me callo. Pasen y lean.

Aleix Saló

Años 20 del siglo XX

Los Estados Unidos de América, tras salir victoriosos de la Primera Guerra Mundial, iniciaron la década como nueva y flamante potencia industrial, manufacturera y militar del renovado mapa estratégico mundial.

El país se apoyaba entonces en una gran masa de humildes trabajadores a sueldo de las grandes compañías industriales estadounidenses, que a su vez eran controladas por una pequeña élite de superricos, como el magnate John D. Rockefeller, que estaban más forrados que el asiento de un taxista.

Afortunadamente, algunos avances como la adopción de las cadenas de ensamblaje en los procesos de producción redujeron progresivamente los costes de algunos productos, democratizando así el acceso a los bienes de consumo.
a los bienes de consumo.

Los empresarios habían hallado un nuevo nicho de mercado muy lucrativo: producir en serie productos más ecónómicos que pudieran ser comprados por esa gran masa de trabajadores que ellos mismos empleaban.

La incipiente clase media trabajadora abrazó así el consumismo, compensando sus limitados sueldos con créditos al consumo concedidos por una banca cada vez más generosa.

Mientras que en Europa los automóviles eran considerados productos de lujo, en EE.UU., gracias a vehículos como el muy económico Ford modelo T, contaban con el parque automovilístico más grande del mundo y una clase media ampliamente motorizada.

Esta democratización del consumo contribuyó a consolidar el crecimiento de las principales compañías industriales del país, de cuya revalorización daban fe los índices bursátiles como el Dow Jones.

De hecho, a mediados de la década la Bolsa de Nueva York empezó a acumular varios semestres de crecimiento consecutivos, consolidándose como una vía segura para hacer crecer los grandes capitales de la clase pudiente.

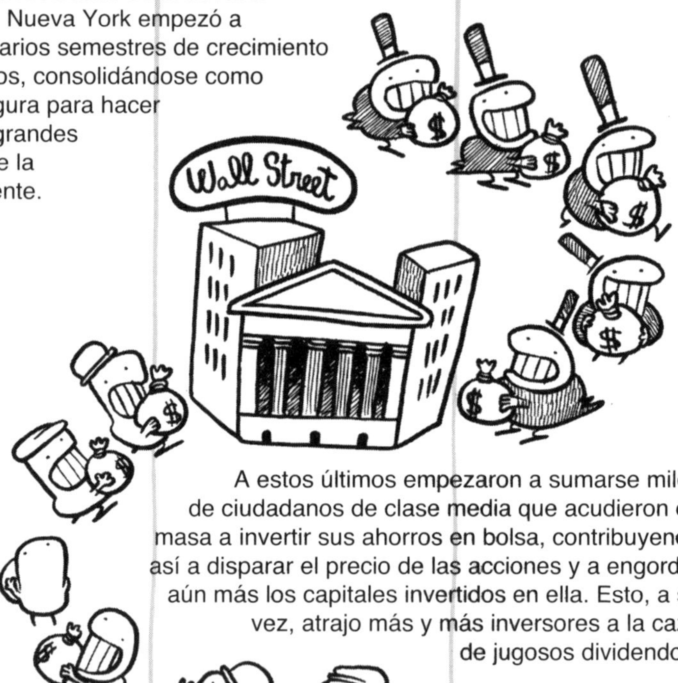

A estos últimos empezaron a sumarse miles de ciudadanos de clase media que acudieron en masa a invertir sus ahorros en bolsa, contribuyendo así a disparar el precio de las acciones y a engordar aún más los capitales invertidos en ella. Esto, a su vez, atrajo más y más inversores a la caza de jugosos dividendos.

Esta etapa alcista exepcionalmente larga acabaría convirtiendo el mercado de valores en un juego de niños, en el que cualquier mindundi podía hacer dinero fácil...

... hasta el punto
de hacer sentir gilipollas
a todo aquel que
no participara
del festín.

Pasaron los años sin que la euforia bursátil diera signos de agotamiento. A nadie le preocupaba comprar acciones a precios ya absurdamente hinchados puesto que siempre había alguien más temerario dispuesto a recomprárselas a un precio más alto.

La avaricia retroalimentaba sin descanso una espiral especulativa aparentemente infinita, y lo que en principio era una situación excepcional acabó siendo asumida como normal.

Así las cosas, muchos ciudadanos sin ahorros empezaron a comprar acciones directamente a crédito, endeudándose hasta las trancas. Al fin y al cabo, el que más dinero invertía se llevaba mayores beneficios.

Curiosamente casi ningún experto en economía alzó la voz para avisar de los peligros que acarrearía la burbuja que se estaba generando.

El propio presidente Herbert Hoover vaticinó en 1928 un largo futuro de prosperidad sostenida y la erradicación de la pobreza.

Los bancos habían inundado de crédito a una población que hacía planes de futuro desde la creencia de que cada vez serían más ricos, y de que por tanto podían permitirse derrochar el dinero.

Sin embargo, tras años de crecimiento continuado, en verano de 1929 la bolsa enloqueció y comenzó a rebotar como una auténtica montaña rusa. Saltaron las alarmas y algunos empezaron a temer que ya no encontrarían compradores para las acciones que habían adquirido a precios desorbitados, y que quizá tendrían que vender con pérdidas.

JUEVES NEGRO

Finalmente el 24 de octubre de 1929, el pánico se extendió y muchos inversores empezaron a retirar sus fondos, vendiendo las acciones a pérdida, es decir, más baratas. El miedo se contagió al resto de inversores, que también decidieron vender antes de que cayeran más los precios, alimentando a su vez el desplome general. Y así se entró en una espiral descendiente sin fin que desató la histeria.

En cuestión de horas los corredores de bolsa se deshicieron a cualquier precio de 13.000.000 de acciones, cuyo valor cayó en picado.

Al final se contabilizaron 30.000.000.000$ en pérdidas (más de lo que el país se había gastado en la Primera Guerra Mundial).

¡HOLY SHIT!

El dinero se había esfumado, y las acciones que habían sido compradas a precio de burbuja sólo valían ya para limpiarse el culo.

De pronto, el país contaba con millones de ciudadanos arruinados.

DIOS NOS PILLE CONFESADOS...

Se hundió el consumo, y en seis días los precios de los productos de consumo cayeron un 50% y arrastraron al resto de sectores económicos.

PAYO, DAME ARGO...

El trauma general era tan difícil de asumir que durante los primeros meses muchos guardaron la esperanza de que en breve la situación volvería a recuperar los niveles anteriores al crack bursátil.

Desgraciadamente el panorama no hizo más que empeorar durante los siguientes años. El territorio nacional se empezó a llenar de poblados de chabolas habitadas por miles de nuevos pobres, arruinados y desahuciados. La retranca popular bautizó estos poblados como hooverciudades, para escarnio de un presidente excesivamente optimista, cuya credibilidad estaba ya por los suelos..

Paradojas de la economía: aunque había comida a espuertas, casi nadie tenía dinero para comprar como antes. Así que, mientras en las zonas rurales la caída del 50% del precio del trigo llevó a la ruina a los agricultores...

... en las zonas urbanas gran parte de la población pasaba hambre y tenía que recurrir a los comedores de beneficencia.

La economía de EE.UU. no volvería a levantar cabeza hasta casi una década más tarde.

Y de esta forma, a la amargura generada por la recesión se le sumó la certeza de que toda la bonanza del pasado había sido sólo un espejismo.

Si
mio
gra
cia

Año 2012

Cuarto año de recesión global sin atisbo de mejora en el horizonte. El ciudadano, que cuatro años antes estaba convencido de vivir en una espiral de crecimiento infinita, ya no reconoce el mundo en el que creía vivir.

Aturdido, sólo alcanza a hacerse preguntas.

Cuando todo lo que dábamos por sentado se derrumba,
cabe preguntarnos si hemos vivido engañados,
asumiendo como «verdad»
lo que no era más que un espejismo.

Platón ya planteó estas preguntas hace más de 2.000 años
con su alegoría de la caverna. En ella situaba a un puñado
de infelices atrapados de por vida en una cueva.

Únicamente podían vislumbrar una serie de sombras proyectadas
por una hoguera a sus espaldas y, como no eran conscientes
de su cautiverio, asumían que las sombras eran el mundo real.

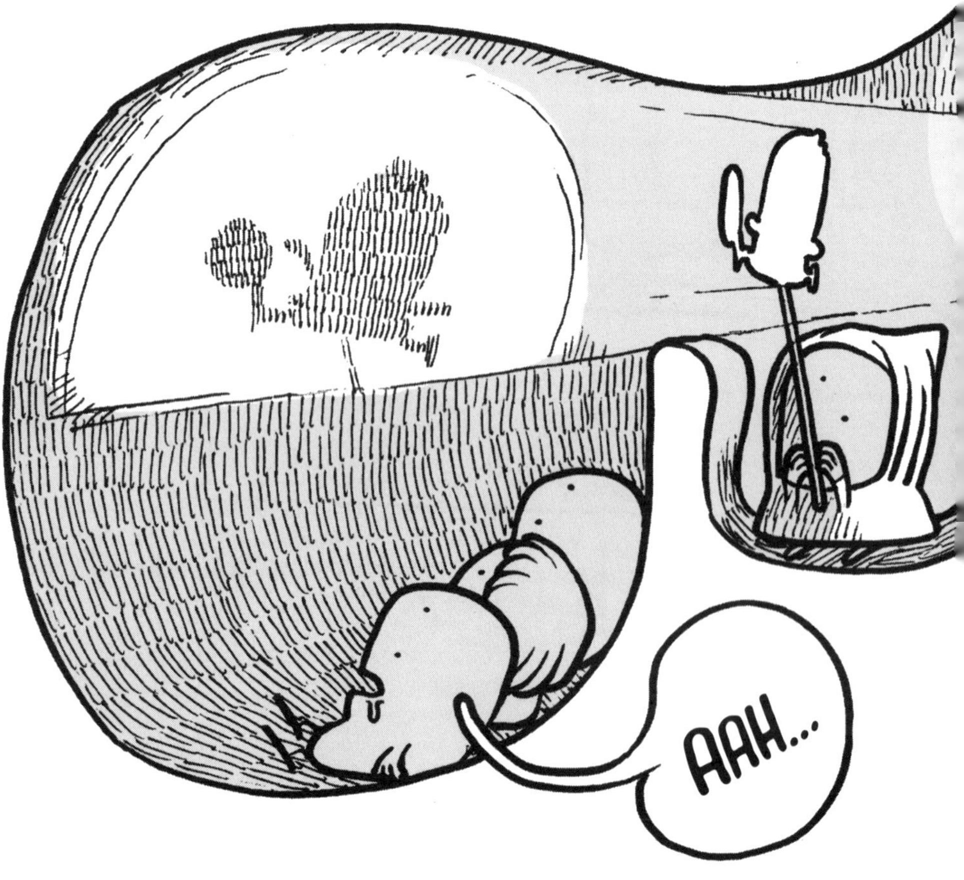

Sólo el afortunado que pudiera escapar
y salir a la superficie llegaría a descubrir el engaño,
siéndole revelada la realidad auténtica,
la «verdad absoluta».

Debemos preguntarnos, entonces,
si estamos dentro o fuera
de la caverna de Platón.

Al fin y al cabo
hasta 2008 estuvimos
haciendo planes de futuro
en base a una idea...

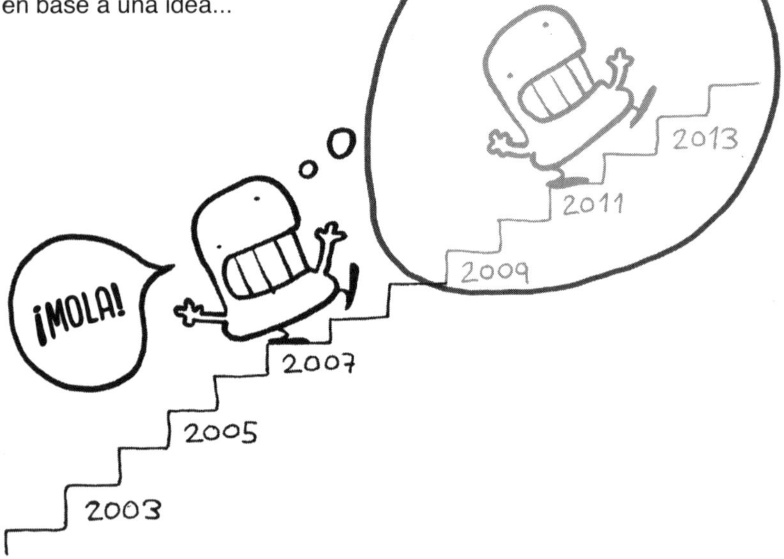

... catastróficamente
falsa.

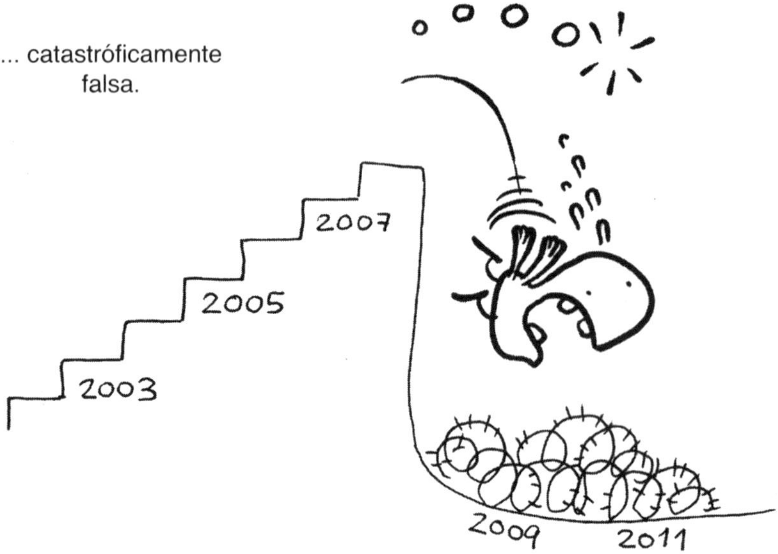

El error de cálculo
ha sido de tal magnitud
que es comprensible
que muchos lleguen
a la conclusión de que,
por necesidad, alguien
les ha tomado el pelo.

Asumimos que, definitivamente,
hemos vivido dentro de la caverna de Platón
y que toca salir a la superficie cagando leches
para encontrar al fin...

LA VERDAD

Un servidor se dispone
a encontrar la salida,
empezando a indagar
por el entorno
más cercano.

No ha habido suerte.

Tan sólo un puñado de
frases recurrentes,
verdades a medias
y eslóganes de manual.

Constato entonces
que vivimos
en un sistema
que nadie entiende
cómo funciona.

¿Acaso nos han lavado el cerebro
cual habitantes de ese futuro de ficción
que describía George Orwell en su novela *1984*?

Si no alcanzamos a comprender el sistema en
el que vivimos... ¿será porque hay un poder
en la sombra que nos oculta la verdad
para controlar nuestro destino?

¿Es ésta una sociedad
en la que la «verdad oficial» es laboriosamente
cocinada en los despachos del poder?

¿Se nos ocultan los datos más reveladores
mediante la censura?

(Cuando me hago preguntas chorras a menudo me responde mi abuelo desde el otro barrio.)

Vale, OK... quizá no estamos tan mal.

Es cierto que hoy en día estamos mejor informados que en cualquier otro período de la Historia.

Y gracias a internet podemos incluso seguir al minuto lo que está ocurriendo al otro lado del planeta.

De hecho, vivimos documentados,
comunicados, informados y retransmitidos
hasta la náusea.

Y hay una guerra sin cuartel
por captar la atención del espectador.

Las crónicas, noticias e informaciones
se solapan y yuxtaponen
con resultados escalofriantes.

Y el sensacionalismo creciente convierte la actualidad
en materia no apta para cardíacos.

Y es que, mucho antes que llegara la crisis global,
uno ya tenía la sensación de ver venir el apocalipsis
más o menos cada tres meses.

El patrón que siguen estos episodios
es casi de manual.

La noticia
nace...

... crece...

... llega a su cénit...

... y muere.

Es un ciclo
sin fin...

... que se
repite hasta
el absurdo.

Debido a la incapacidad del espectador
para atender un número ilimitado de noticias bomba,
lo habitual es que éstas se sucedan escalonadamente,
turnándose sus quince minutos de fama
para luego pasar al olvido más absoluto...

... haciendo imposible
el seguimiento riguroso
y a largo plazo
de los acontecimientos.

Uno de los peligros de que cada tres días ocurra la Noticia del Año es que el espectador acabe pasándosela por el arco del triunfo.

Ciudadano
bajo un régimen
de censura
dictatorial:

no sabe que
su gobierno
es corrupto.

Resultado:
no se rebela.

Ciudadano
de una
democracia
occidental:

sabe que su
gobierno
es corrupto.

Resultado:
no se rebela.

Al fin y al cabo,
uno acaba por generar anticuerpos cuando hay
chorropotocientos casos de corrupción al mes.

Primer
caso de
corrupción.

Cuarto
caso de
corrupción.

Vigésimo
caso de
corrupción.

Millonésimo
caso de
corrupción.

Este bombardeo incesante y descontrolado de noticias hace que lo realmente relevante pero poco atractivo quede sepultado por cientos de crónicas tan impactantes como prescindibles.

Porque...
¿acaso alguien hizo caso a esta noticia en 2006?

O aún peor...
¿por qué se recibió como algo
positivo este dato?

Llegados a este punto es inevitable volver al debate de Orwell vs. Huxley, o de si la época actual se parece más al futuro de ficción que planteó Orwell en su novela *1984* o al que planteó Huxley en su novela *Un mundo feliz*, ambas escritas hace más de sesenta años.

Este planteamiento nació en los años 80 de la mano del sociólogo Neil Postman y de su famoso ensayo *Amusing Ourselves to Death* (*Divertirse hasta morir*), repopularizado recientemente en internet gracias a una breve adaptación en cómic del dibujante australiano Stuart McMillen.

George Orwell nos advertía con *1984* de un eventual futuro en el que un régimen dictatorial absoluto subyugaría a las masas e impondría una sola versión oficial de los hechos, una mentira prefabricada que sería colectivamente asumida como «verdad» indiscutible.

Huxley también planteó en *Un mundo feliz* un futuro en que la humanidad sería sometida por un sistema igualmente terrorífico, pero por métodos mucho más sibilinos: el acceso libre al ocio, el entretenimiento ilimitado y barato, las drogas y el hedonismo habrían convertido a las masas en dóciles peleles.

La «verdad», entonces, no necesitaría ser maquillada, pues ya no le importaría a nadie.

En este sentido, uno de los casos más paradigmáticos ha sido el de Wikileaks, una organización liderada por Julian Assange que en 2007 empezó a publicar a través de la red multitud de informes secretos y otros documentos confidenciales que diversos gobiernos y megaempresas mantenían ocultos para preservar sus intereses.

De pronto, cualquiera con un ordenador y conexión a internet podía consultar miles de archivos que dejaban con el culo al aire a muchos gobiernos (los de EE.UU. y España incluidos) destapando casos de abusos de poder, corruptelas, prácticas ilegales o poco éticas y demás tejemanejes.

El escándalo fue mayúsculo y durante varios meses se generó un fuerte debate con cantidad de muestras de indignación-desde-el-sofá-de-casa.

Julian Assange
se convirtió en un héroe
para la opinión pública,
tan necesitada de
líderes honestos...

... y por un momento,
en 2010, en el punto
más intenso del debate,
pareció que se iba a forjar
un movimiento global
de indignación
que empezaría
a cambiar
las cosas.

Y es que nunca antes en la Historia
tanta información comprometedora
para los poderosos había quedado
expuesta tan masivamente...

... así que para muchos
no era descabellado prever
un movimiento de protesta
a escala internacional que consiguiera
derrocar a los infames gobiernos
para establecer un nuevo
orden mundial más justo.

Pues bien... ¿sabéis qué ocurrió al final,
después de tanto debate, tanto *trending topic*
y tanta pollez?

No ocurrió

NADA

Gobiernos derrocados......................................0
Políticos juzgados...0
Altos cargos juzgados.....................................0
Militares juzgados..0
Megaempresas juzgadas.................................0

Julian Assange perseguido
y acusado de violación
por follar sin condón...1
Bradley Manning
(una de las fuentes de Wikileaks)
encarcelado y procesado.................................1

TOTAL:

Ahí entendí que la libertad de información
no es nada si no va acompañada de justicia.

¿De qué sirve entonces tanta información?
¿Para tener tema de conversación en la sobremesa?
¿Para entretenernos?

A partir de aquí empiezo a sospechar que consumimos las noticias con la misma actitud que consumimos los programas de entretenimiento: con gula y sin masticar demasiado.

Y cuando los titulares se suceden en tal cantidad y a tal velocidad, el espectador se ve obligado a analizar, juzgar y posicionarse de una forma un tanto precipitada, echando mano de los prejuicios antes que de un razonamiento calmado y desapasionado.

*Confundido por un pez gordo de las finanzas, al final Rastani resultó ser un pringao aficionado a la Bolsa.

*Dos años más tarde se demostró su inocencia.

Juicios rápidos y sentencias exprés. El mundo y su actualidad convertidos en un espectáculo televisivo cualquiera, y los espectadores convertidos en la versión doméstica de un jurado de concurso de talentos, de esos en los que el gañán de turno es aprobado o despachado en un par de minutos.

Por cierto, ¿a que no adivináis con qué consigna recibió la muchedumbre a Rajoy la noche que ganó las elecciones?

¡TÚ SÍ QUE VALES!
¡TÚ SÍ QUE VALES!

No, no me lo invento.

La espiral
en la que entramos
hace tiempo...

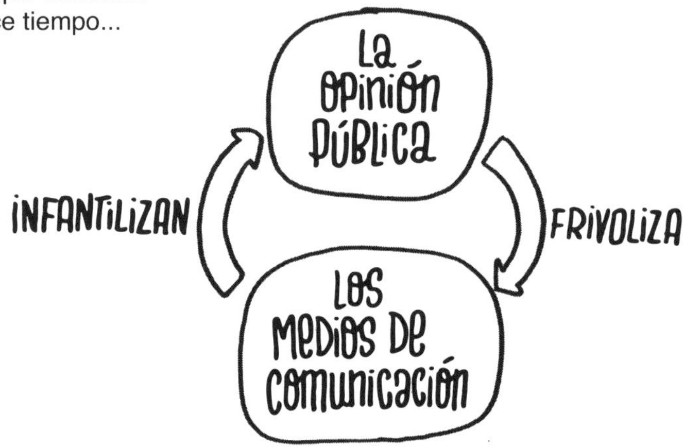

... nos lleva a menudo a este tipo de periodismo de investigación.

PUES SÍ, HACE CALOR... ¡OJÚ!
LAS AUTORIDADES ALERTAMOS DE QUE HACE CALOR.
LOS EXPERTOS CONFIRMAMOS QUE HACE CALOR.
EL TERMÓMETRO TAMPOCO DEJA LUGAR A DUDAS.
¿POR QUÉ ME TRATAS COMO A UN IMBÉCIL?
PORQUE SÉ QUE TE GUSTA...
... GUARRILLA.

Sospecho hace tiempo que han sustituido a los periodistas por androides programados para repetir aleatoriamente frases del manual amarillista.
LOS VECINOS DE ESTA APACIBLE VILLA NO SALÍAN DE SU ASOMBRO AL CONOCER LA NOTICIA.
EL BRUTAL ASESINATO HA TEÑIDO DE SANGRE LAS FIESTAS PATRONALES DE ESTA LOCALIDAD.
SE HAN VIVIDO AUTÉNTICAS ESCENAS DE PÁNICO...
... Y LA BÚSQUEDA DEL PSICÓPATA HA MANTENIDO EN VILO A TODA LA COMUNIDAD.

Los contenidos de algunos canales han involucionado hasta el punto de copiar las charlas cotorriles de peluquería de toda la vida...

... pero con plató.

Mientras que las tertulias a grito pelao de cualquier bar...

... han acabado teniendo su chusquera versión televisiva.

El cóctel Molotov que puede resultar de la suma de unos medios de comunicación frívolos y sensacionalistas y de una opinión pública intelectualmente perezosa ha quedado patente multitud de veces.

No sé si recordaréis que en 2008 una subida histórica del precio de los combustibles puso en pie de guerra a los transportistas españoles, que amenazaron con una huelga masiva en caso de que el Gobierno no aprobara medidas urgentes para compensar los costes sufridos por este colectivo.

El Gobierno no cedió y finalmente los transportistas fueron a la huelga el 9 de junio, y a medida que pasaron los días la protesta empezó a comprometer el abastecimiento de empresas y comercios.

En este contexto, los medios de comunicación se encargaron de informar a la población de una eventual escasez de alimentos en algunos supermercados en caso de que la protesta del sector de transportes se alargara en exceso.

Y lo hicieron con su habitual tacto...

Como era de esperar,
todas las viejas (o al menos las de
mi barrio) se volvieron locas del coño
y corrieron a comprar cantidades ingentes
de provisiones ante la segura llegada
de la hecatombe que les había anunciado
Ana Rosa Quintana por la tele.

Y así, la histeria por abastecerse de unos pocos
(«por si acaso» se acababan los suministros)
fue lo que, de facto, acabó con los suministros.

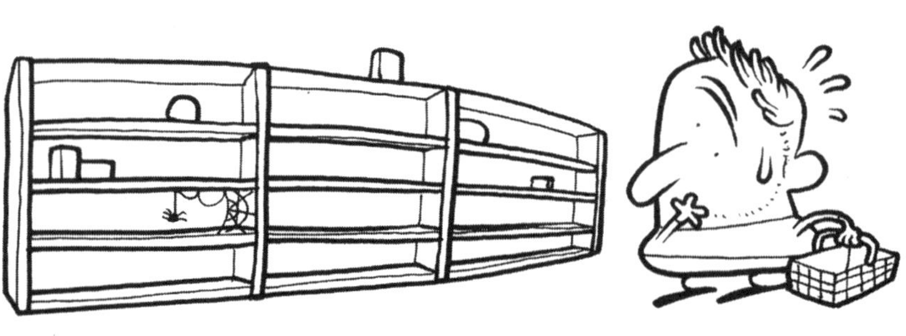

Aunque sólo duro unos pocos días,
este hecho me trastocó profundamente.
No porque me quedara sin chorizo para las lentejas,
sino porque me vi obligado a cuestionarme muchas cosas.

En la época actual, viviendo en el primer mundo,
con un estado del bienestar consolidado,
recursos de sobra y tecnología al alcance...

¿Cómo era posible que una simple reacción psicológica
de unos cuantos hubiera comprometido algo que damos
tan por sentado como el acceso a los alimentos?

¿Puede un sistema
tan complejo y evolucionado
ponerse en peligro
con tanta facilidad?

¿Se convertía entonces
«el miedo a que ocurran
catástrofes» en una nueva causa
de posibles catástrofes?

Quizá, para poder prever el futuro, ya no se trata sólo de acercarnos a la «verdad absoluta» (es decir, entender qué está ocurriendo)...

... sino que además hay que tener en cuenta la «verdad colectiva» (aquello que la gente cree que está ocurriendo).

Las verdades colectivas (y su p*t# madre)

Hay casos en los que una «verdad colectiva», aun siendo una creencia popular sin base lógica, puede llegar a modificar la realidad por la obstinación de sus defensores.

Es decir, si un número suficiente de individuos viven y actúan como si tal o cual mito fuese una verdad incontestable, dicho mito acabará «haciéndose realidad».

Este fenómeno es tan común que existen incluso negocios millonarios enteramente sustentados por una «verdad colectiva». Así a bote pronto, me viene a la memoria la empresa que fundó hace más de dos mil años un tal san Pablo, que fue una especie de Steve Jobs de la Edad Antigua.

Y no le ha ido mal, oiga.

Se podría decir que el cliente propone y el mercado dispone, lo que permite comerciar con cualquier producto sin importar lo inverosímil que sea. En España hay pruebas de cómo incluso el morbo y el aprecio por lo *gore* pueden generar su propia ley de oferta y demanda.

El verano pasado un toro apodado Ratón saltó a la fama tras cargarse a dos individuos en sendos festejos taurinos locales. Este palmarés, lejos de acabar con su carrera artística, disparó la demanda por parte de los ayuntamientos para contar con los servicios del afamado bovino en sus fiestas patronales y provocó que su caché pasara de 2.000 a 10.000€.

Se ve que estos consistorios consideran lo de masacrar a sus propios parroquianos como la vanguardia de los servicios públicos.

El problema llega cuando, parapetados en la inercia colectiva, muchos acaban confundiendo el precio de un producto con el valor real de dicho objeto.

Porque, si esto ocurre de forma masiva, el resultado es una

BURBUJA DE LA MUERTE

... digo, una burbuja especulativa.

Al fin y al cabo, que haya un imbécil dispuesto a comprar un tulipán al precio de una casa no significa que el tulipán lo valga. Pero si encuentras a miles de imbéciles dispuestos a hacerlo... ¿qué pasa? Pues exactamente lo que ocurrió el siglo XVII en Holanda, en una de las primeras burbujas especulativas documentadas de la Historia.

Este capítulo, conocido como Tulipomanía, se desarrolló siguiendo todos los episodios prototípicos de las burbujas:

Aprecio moderado por los tulipanes, inicio de la escalada de precios, adopción del producto como inversión, aumento desproporcionado y aparentemente ilimitado de los beneficios, más subida de precios, más inversión, locura colectiva, endeudamientos suicidas y...

¡BOOM! Desplome de precios, ruina nacional y retorno a la realidad.

¿Aprenderá alguna vez la humanidad de sus errores pasados?

¿O vamos a ver cómo se suceden nuevas burbujas especulativas en el futuro?

¿Una burbuja en el precio de la braga-faja en el año 2046, quizá?

Me pregunto hasta qué punto las «verdades colectivas» posibilitan las épocas de bonanza económica o prolongan los episodios de recesión.

Es decir, ¿nos va bien sólo porque creemos que todo va bien? ¿Nos va mal sólo cuando asumimos que la cosa está muy mal?

Vista con perspectiva, lo cierto es que la supuesta década dorada que vivimos entre 1998 y 2008 no fue un camino de rosas para la clase trabajadora. A lo largo de esos diez años los sueldos no crecieron prácticamente nada mientras los precios al consumo sí que lo hicieron.

Respecto a la compra de vivienda, la situación llegó a límites insostenibles:

NUESTOS PADRES

Compra de una vivienda media con hipoteca a 10 años.

A pagar sólo con el sueldo de un cabeza de familia sin título universitario.

NOSOTROS

Compra de una vivienda media con hipoteca a 30 años.

A pagar con dos sueldos de titulados universitarios.

Pero, entonces, si la cosa estaba tan chunga, ¿qué nos arrastró a continuar comprando vivienda y a consumir como si no existiera un mañana?

Muy sencillo: la promesa de un futuro próspero.

De hecho, nunca antes la población estuvo tan ciegamente convencida de que todo iría a más y a mejor en el futuro. Y obró en consecuencia.

Bueno, cuando digo que todo este embolado
se sustentó en el optimismo, no sólo me refiero
al consumo y al endeudamiento.

El optimismo también fue lo que sustentó el ejército de becarios y subcontratados que, desde la fe en un futuro ascenso, consintieron ser explotados durante meses o años, mientras los cabro... ... digo, los jefes veían aumentar sus beneficios.

Por no hablar de los miles de jóvenes que invirtieron años en sacarse una carrera convencidos de que todas las titulaciones universitarias tenían salida laboral sí o sí.

Aunque para optimismo el del pueblo de Villacañas, en La Mancha, que durante el boom de la construcción apostó por centrar prácticamente toda su economía en la fabricación de puertas, y llegó en su momento álgido a producir el 60% de todas las puertas manufacturadas del país.

Y cuando uno cree hacer una apuesta segura,
espera confiado a que tarde o temprano llegue su recompensa.

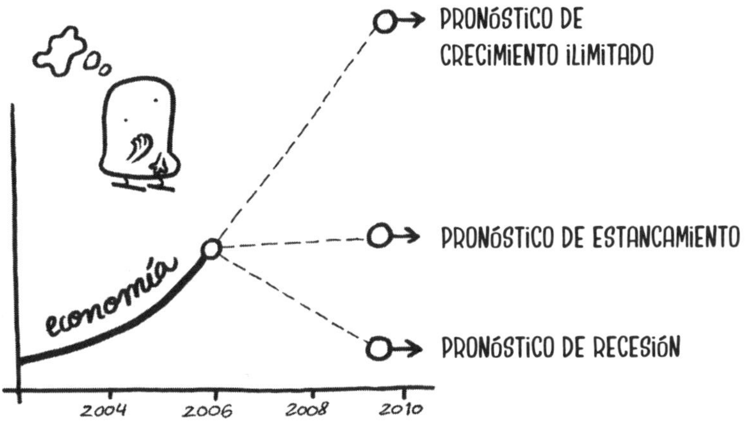

De todos los posibles futuros,
el país entero optó por el pronóstico más optimista.

Y lo apostamos todo a una sola carta.

¿Qué nos quedaría en caso de que el pronóstico de futuro no se cumpliera a rajatabla?

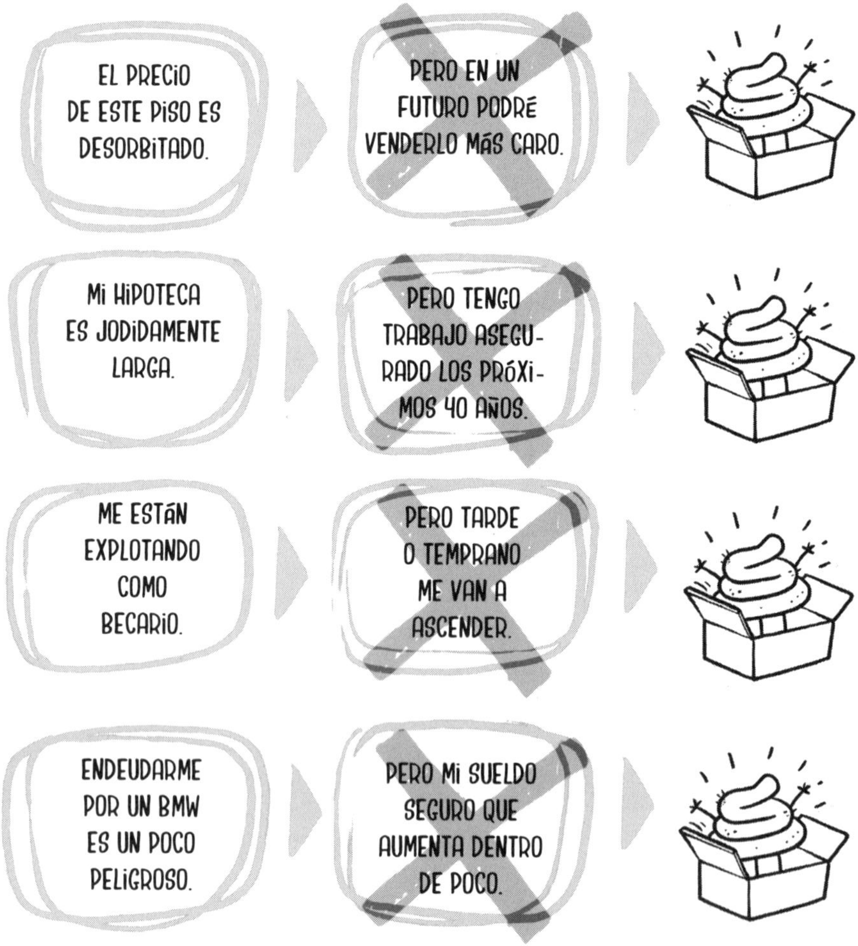

Como decía la canción escrita por Jim Steinman,

the Future Ain't What it used to Be

(El futuro ya no es lo que era.)

Vale, el pronóstico no se
cumplió y todo se ha ido
a la mierda.

Ahora, lo único que importa
de verdad es saber...

QUIÉN COÑO TIENE LA PUTA CULPA

No. No es tan fácil como eso.

Así que olvidaos del rollo masa enfurecida.

Desgraciadamente la economía es una maraña de procesos,
fenómenos y dinámicas harto complicada de descifrar.

Así que vamos a intentar explicar
(de forma un tanto simplista y peregrina, aviso)
los numerosos factores que nos llevaron al colapso.

LEY DEL SUELO DE 1998

Versión intelectualmente perezosa:

Esta ley, aprobada por el gobierno Aznar, fue la culpable de la posterior burbuja inmobiliaria, de la consecuente crisis, del apocalipsis, del asesinato de Kennedy y de que violaran a tu perro.

Versión elaborada:

Esta ley constituyó un eslabón más en las políticas de fomento de la vivienda en propiedad, iniciadas por Adolfo Suárez (desgravación por la compra de vivienda) y continuadas por Felipe González (con la cuenta vivienda), aunque significó un cambio de rumbo importante al eliminar muchas trabas administrativas en la urbanización de terrenos y permitir que la valoración del precio del suelo quedara sujeta a las leyes de oferta y demanda.

Aun así, dicha ley permaneció sólo como un marco legal a partir del cual las administraciones autonómicas, responsables en materia de urbanismo, empezaron a desarrollar normativas cada vez menos intervencionistas y más liberales, que allanaron el terreno para lo que más tarde acabaría siendo un aunténtico festival del ladrillo.

Uno de los fenómenos que empezó a animar el mercado de la vivienda, según las teorías de Ricard Vergés, catedrático de Economía Inmobiliaria, fue la repatriación de capitales evadidos que, según se acercaba la llegada del euro, fueron blanqueados mediante la compra de inmuebles.

Aunque, realmente, el hecho que marcó un antes y un después fue la entrada de España en la zona euro y la llegada de la moneda única europea en el año 2002, pues significó un cambio de reglas total en el tablero de las finanzas.

Hasta ese momento las cajas
y los bancos españoles habían recurrido
al mercado interbancario estatal para
prestarse dinero entre ellos, según
su falta o excedente de fondos.

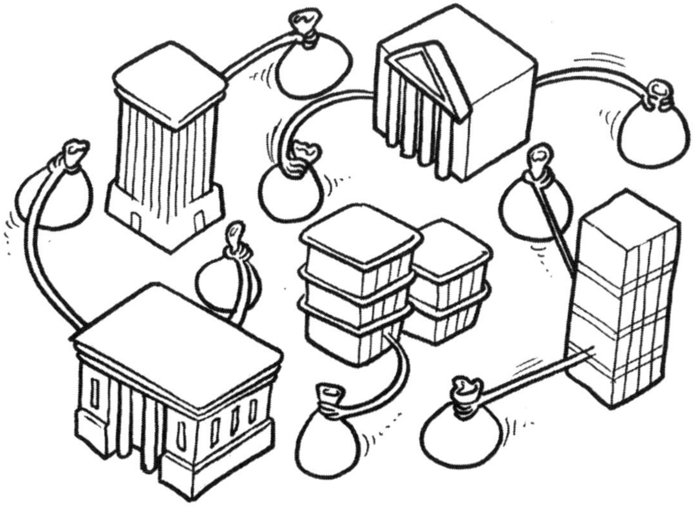

Pero con la entrada en la zona euro
y la apertura del mercado interbancario europeo,
los bancos y sobre todo las cajas españolas
empezaron a acudir a Frankfurt para obtener en préstamo
grandes cantidades de dinero que más tarde les serviría
para inundar de crédito a sus clientes en España.

Esta dinámica se vio favorecida por una bajada
histórica del tipo de interés, que es
la tasa que determina el precio del dinero,
haciendo que pedir dinero prestado
fuera más barato que nunca.

Y así, por obra y gracia
de los bancos y de las cajas ibéricas,
se inyectaron en la economía española
miles de millones de euros procedentes
de bancos extranjeros.

Dinero que fue invertido,
casi en su totalidad,
en la construcción
de infraestructuras
y viviendas.

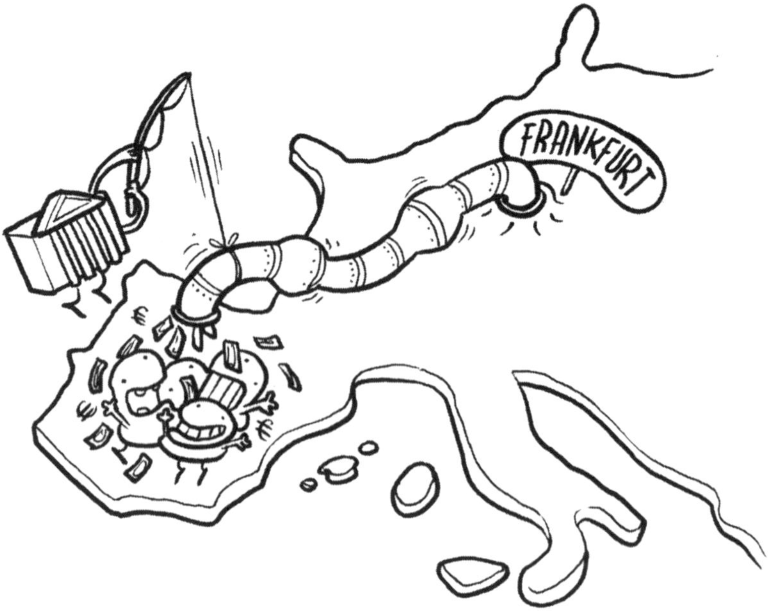

¡*Habemus* BURBUJÓN INMOBILIARIO!

(Y de paso una deuda con el extranjero del copón.)

Como ya hemos dicho, la bajada del precio del dinero redujo los intereses recaudados por la concesión de préstamos, así que los bancos y las cajas entraron en una dura competencia por conceder más y más créditos aprovechando el auge del mercado inmobiliario.

En épocas pasadas, todo aquel que quisiera un crédito hipotecario debía haber ahorrado una parte importante del precio de su futura vivienda, puesto que se le iba a conceder como máximo un préstamo por el 70 u 80% del valor del inmueble.

Pero durante la burbuja inmobiliaria, este requisito fue desapareciendo y llevó a muchas entidades, en su carrera por captar clientes, a financiar el 100% o incluso el 120% del precio de la vivienda, con dinero sobrante para que el hipotecado se comprara los muebles, un automóvil o se fuera de vacaciones.

En muchos casos se recurrió a la colaboración de un tasador a sueldo del banco para que valorara el inmueble a un precio hinchado y que oficialmente el préstamo se mantuviera en ese 80% del valor.

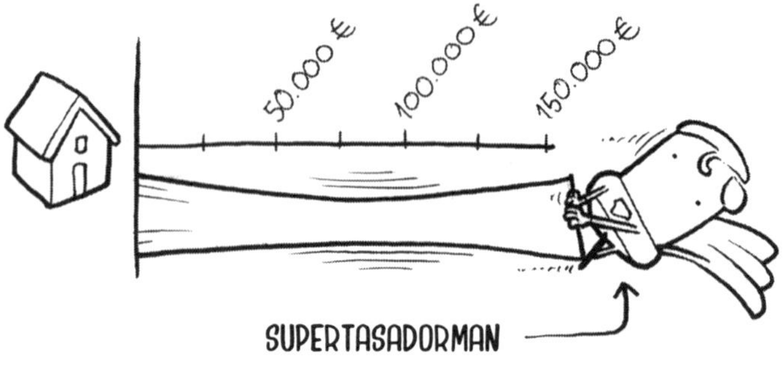

Esto ayudó a fomentar una peligrosa cultura del crédito entre la clase trabajadora, que cada vez necesitaba menos recurrir al ahorro para saciar sus ansias consumistas.

El mismo sistema que no era
capaz de proveer al ciudadano de
unos ingresos por trabajo dignos,
le otorgaba a cambio grandes
cantidades de crédito
para continuar alimentando
la rueda del consumo.

Y así se sucedieron unos años en los que, no sé si lo recordaréis, parecía que todo el mundo iba loco por prestar dinero sin pedir garantías a cambio.

Mientras tanto el negocio inmobiliario vivía sus años dorados
y el mercado del suelo arrojaba monstruosos beneficios.

No tardaron en aparecer cantidad de promociones urbanísticas
de dudosa legalidad en las que promotoras, cajas de ahorro
y administraciones locales colaboraban desde sus respectivos
ámbitos para sacar tajada.

Los maletines de dinero volaban
que daba gusto.

Y el paisaje
se forró de cemento.

Había que endosar a alguien tanto ladrillo, claro, así que las promotoras se afanaron en lanzar agresivas campañas de marketing para convencer a la población de que necesitaba no ya una residencia, sino una segunda residencia.

Como ejemplo, para la campaña de promoción del megaresort de viviendas de Polaris World, aparte de dar el coñazo con sus anuncios por la tele, llegaron a alquilar el vestíbulo del Liceo de Barcelona (que vale una pasta) para invitar a 50 familias a una cena por todo lo alto, con payasos, magos, azafatas macizas y toneladas de alcohol para emborrachar a los pobres incautos mientras les proyectaban imágenes que mostraban el megaresort como poco menos que el paraíso en la tierra.

Lo recuerdo bien porque yo estaba allí trabajando de camarero.

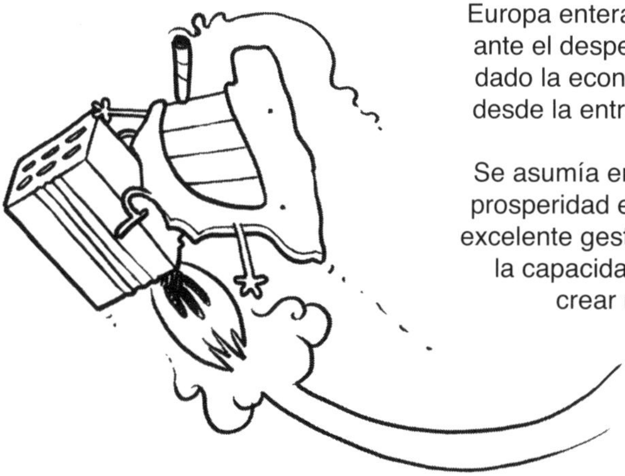

Europa entera estaba atónita ante el despegue que había dado la economía española desde la entrada en el euro.

Se asumía entonces que tal prosperidad era fruto de una excelente gestión política y de la capacidad del país de crear riqueza.

El año 2007, un artículo del diario *El País* titulado «El milagro económico español» se hacía eco del progreso alcanzado hasta el momento, la reducción de la tasa de paro, el aumento de la esperanza de vida...

«España se ha convertido en el modelo de referencia para los países que se han incorporado a la UE.»

«... un período de crecimiento por encima de la media europea desde 1994.»

Lo cierto es que los países occidentales en su conjunto estaban viviendo un momento dulce gracias al libre flujo de capitales, que en algunos casos (España, Irlanda, Grecia) se convirtió en una auténtica borrachera de crédito a base de dinero llegado del extranjero.

EE.UU. también se pegó una gran farra, aunque su caso se desarrolló en unas condiciones completamente distintas.

En este país la ingeniería de las finanzas llevaba años haciendo experimentos con la gaseosa y pariendo nuevos y revolucionarios productos financieros, cada vez más complejos y enrevesados, que permitían sacar dinero a mansalva a base de poner en un peligro creciente a todo el sistema.

La pregunta es:

¿A nadie competente se le ocurrió hacer nada para parar esta orgía antes de que nos llevara al desastre?

El Banco de España, que debe velar por el correcto funcionamiento del mercado financiero y está obligado a intervenir para evitar conductas potencialmente peligrosas, resultó tener serios problemas de visión durante aquellos años.

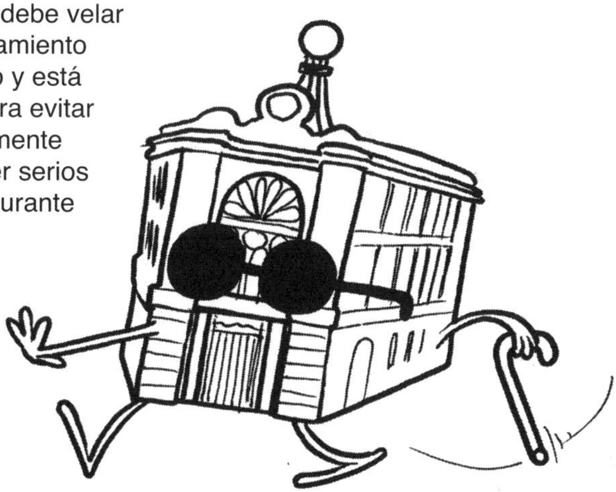

¿Y el gobierno?

¿Qué hizo Zapatero al respecto durante su primera legislatura, del 2004 al 2008, con la burbuja inmobiliaria en su punto álgido?

Bueno, pues, a parte de vivir en su mundo de optimismo, fantasía y gominolas...

... en materia económica se limitó a poner el piloto automático que había dejado Aznar al marcharse y se centró en políticas sociales y asuntos territoriales.

Al fin y al cabo, el modelo económico que había dejado el anterior gobierno popular funcionaba de perlas, aparentemente. Así que el presidente Zapatero se acogió a la máxima que dice «si algo funciona, no lo toques».

Está claro que no tenía ni pajotera idea de hacia dónde nos dirigíamos...

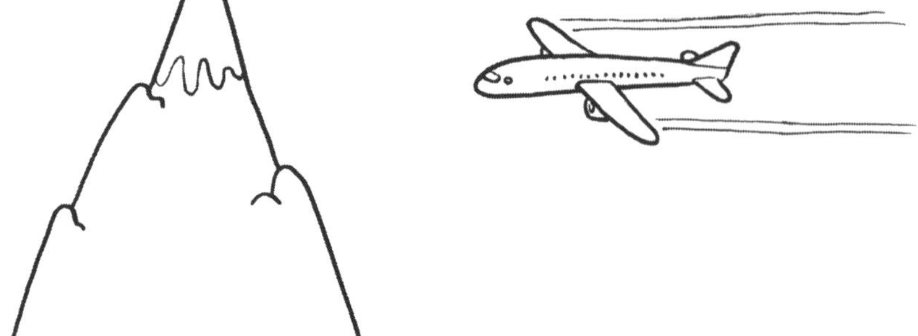

Aun así, mientras fluyó el dinero continuó la fiesta.

Por si fuera poco, a todo lo anterior había que sumarle la millonaria inyección de dinero público que llegaba a España proviniente de los Fondos de Cohesión Europeos.

Que no es que tuvieran nada de malo, pero en un contexto de burbuja ayudaron a malacostumbrar a algunas administraciones públicas, que se habituaron a contar con sobrantes de dinero que muchas veces acababa convertido en rotondas ornamentales al más puro *spanish style.*

Aunque, sin duda, de entre todas las obras pagadas con fondos europeos, mi favorita es de lejos el Centro de Interpretación de las Caras de Bélmez, que se proyecta construir en breve y que costará nada más y nada menos que 600.000€.

Por cierto, ya que hablamos de floripondios a precio de oro, detengámonos un momento a analizar uno de los fenómenos que mejor describe el espíritu de estos años de excesos y papanatismo:

ARQUITECTURA ESTRELLA

En los años noventa, la estadounidense Fundación Guggenheim eligió la ciudad de Bilbao como sede europea para albergar un nuevo museo en el que exponer su colección de arte moderno.

En el año 1997 se inauguró por fin el nuevo edificio, obra del afamado arquitecto Frank O. Gehry, cuyo arriesgado diseño rompía la estética industrial predominante de la urbe con una insolencia casi insultante. Este hecho, junto con los altos costes de construcción, a cargo del gobierno vasco, generaron una gran polémica.

El proyecto, sin embargo, demostró ser increíblemente beneficioso. No sólo dinamizó un barrio industrial en declive, sino que proyectó a escala mundial la imagen de una Bilbao moderna, atrajo turistas, alimentó la autoestima de los bilbaínos y lideró una transformación total de la ciudad.

El fenómeno acabaría dando nombre a una nueva práctica. Relanzar una ciudad a golpe de arquitecto estrella hoy se conoce mundialmente como:

Efecto Guggenheim

Y claro, en el país del culo-veo-culo-deseísmo, no tardaron en aparecer...

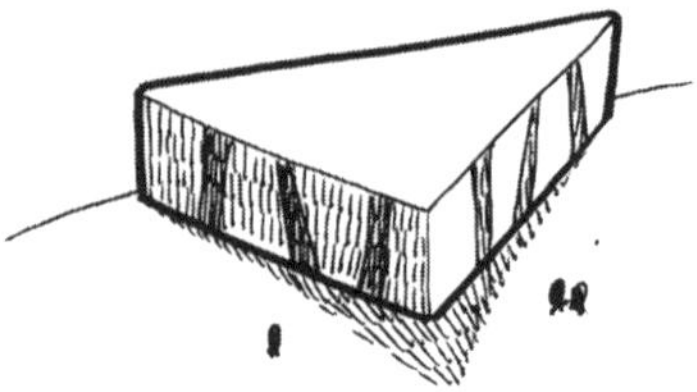

... una loncha de queso sin programa definido y actualmente casi en desuso, en el Fórum de Barcelona (324 millones de euros)...

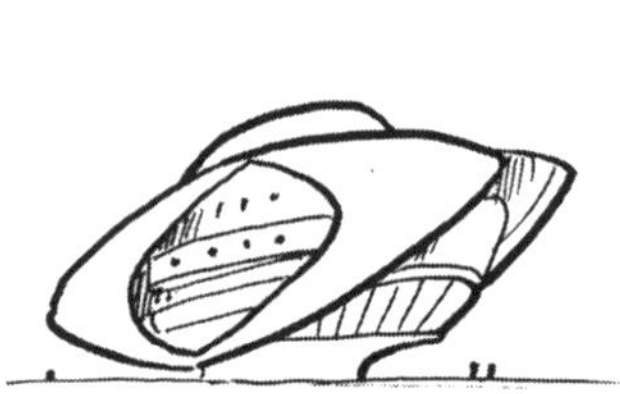

... una nave espacial para albergar ópera, en Valencia (presupuesto inicial de 84 millones, coste final de 300 millones de euros)...

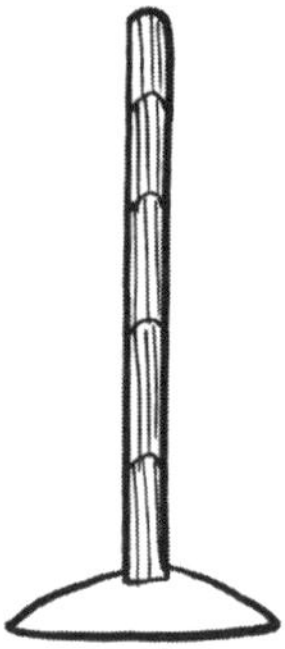

... un chirimbolo decorativo en Madrid (14,5 millones de euros)...

... o unas setas gigantescas que dan sombra, en Sevilla (123 millones de euros).

Cada vez que un político pronuncia la frase «poner en el mapa», Calatrava viola un gatito.

Y así, gracias al paletismo con ínfulas cosmopolitas de nuestros gobernantes, nació una época dorada para un selecto grupo de arquitectos estrella, que se apropiaron de la mayoría de estos proyectos faraónicos.

Lo que pocos saben es que para que estos arquitectos mediáticos pudieran presentarse a decenas de concursos públicos y desarrollar tantos proyectos a la vez en distintas ciudades del mundo fue necesaria la explotación a gran escala de cantidad de estudiantes de arquitectura en prácticas, que echaban horas y más horas en sus despachos a cambio de poder añadir a su currículo el nombre de un arquitecto estrella.

Recuerdo cómo en aquella época, cuando estudiaba en la facultad, los profesores insistían en inculcarnos el interés por una arquitectura honesta y funcional.

Una arquitecura que, sin renunciar a la modernidad, debía ponerse al servicio de los futuros habitantes y usuarios de cada nuevo edificio. Una arquitectura en la que la forma debía ser el resultado de su programa y de sus requerimientos de uso. Nunca al revés.

Desgraciadamente esta mentalidad brillaba por su ausencia en la arquitectura de primera fila, que se puso al servicio del espectáculo, haciendo uso de un lenguaje formal barroco y pomposo, enfocado a hinchar el ego de los dirigentes públicos y a provocar el asombro de los ignorantes, y que dio como resultado edificios pretenciosos, caros de construir y más caros de mantener, que en muchos casos ni siquiera tenían una utilidad definida.

Algo así como coger una vieja burra asmática y gastarte una pasta en adornarla. Continuará siendo una vieja burra asmática.

La pena es que la buena arquitectura casi no tuvo presencia en la era de mayor construcción de la historia, que básicamente consistió en producir hectáreas y hectáreas de arquitectura anodina, jalonada de vez en cuando por algún mamotreto «de autor» para otorgarle «personalidad».

Uno puede entender muchas cosas de un período histórico observando su arquitectura.

Es significativo, por ejemplo, que la construcción de los mayores rascacielos coincida con el punto álgido de una época de bonanza desaforada y marque la entrada en una dura recesión.

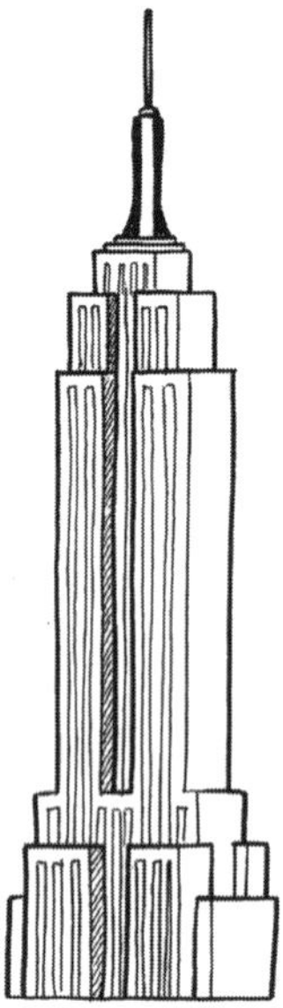

Empire State Building, finalizado en 1931, en plena Gran Depresión tras el crack del 29.

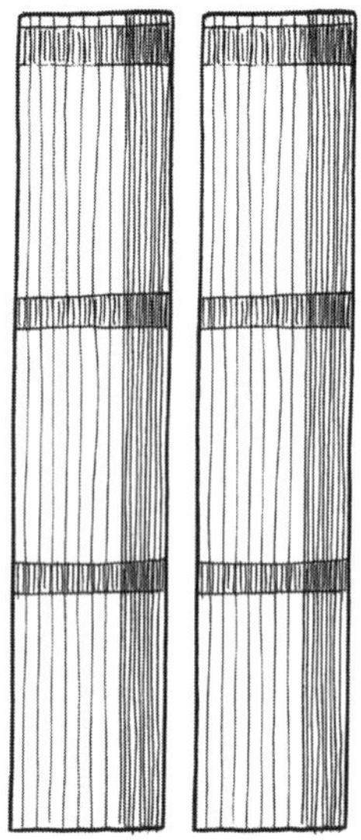

World Trade Center, terminado en 1972, meses antes de estallar la primera crisis del petróleo.

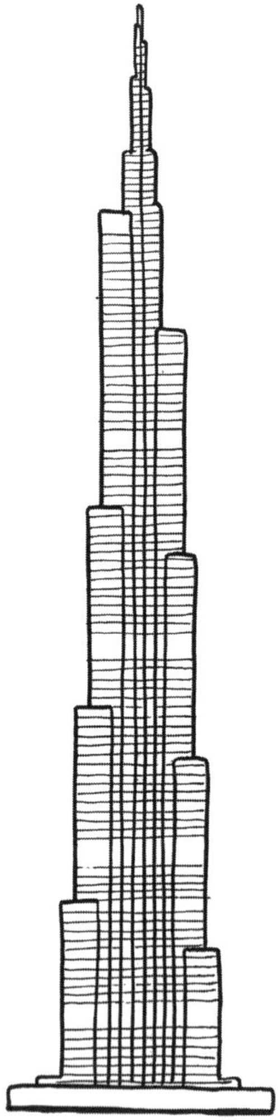

Burj Khalifa, iniciado en 2004, durante la burbuja de los Emiratos Árabes e inaugurado en 2010, segundo año de recesión global.

Podemos sacar otras lecturas del mundo de la arquitectura,
haciendo un paralelismo con el mundo de la política:

Buen arquitecto / Buen político

Sus obras son sensatas y eficaces. Suelen pasar desapercibidos porque, claro, cuando algo funciona bien nadie se acuerda de su responsable. Y ahí está su triunfo.

Mal arquitecto / Mal político

Sus obras son chapuceras e ineficaces, complican la existencia de la gente, que acaba acordándose demasiado de ellos y de todos sus muertos.

Arquitecto estrella / Político populista

Utilizan discursos grandilocuentes y demagógicos, aunque sin mucho fondo, para poner a las masas de su parte, enmascarando el beneficio propio tras un supuesto interés general.

Y hablando de políticos, no deja de sorprenderme que en este país su nivel de preparación sea inversamente proporcional al cargo que desempeñan, y que esta situación sea normal:

Un camarero

Un presidente

Pero al ver la trama del caso Urdangarín y constatar cómo algunos presidentes autonómicos perdían el culo por hacer tratos con el yerno del rey, aunque rayaran en el timo de la estampita, uno ya se da cuenta del nivelazo que hay en política.

Parece que hay un repelente para el talento y la honradez en política, que obliga a los individuos más capaces a adoptar las actitudes simiescas del resto para poder sobrevivir.

El problema está en que,
para ascender en política,
hay que pasar cantidad de trámites
en forma de favores, prebendas
y clientelismos que hacen que,
cuando uno llega al poder,
se deba más a sus apoyos internos
que a los votantes.

Es lo que se llama «dinámica del partido», que no es otra cosa que apoyar públicamente a los del propio bando, sean cuales sean sus acciones.

Al fin y al cabo, uno se lo debe todo a su propia tribu.

Es algo, por otra parte, que está muy extendido en todas las capas de una sociedad en la que los lazos tribales están por encima de la legalidad. ¿O acaso no es cierto que ante un familiar o amigo que actúa al margen de la ley se considera de mala educación recriminar sus acciones?

Y claro, uno no esperará que en un país,
con perdón, de putas y chaperos,
el mandamás resulte ser una virginal monja beata.

Cabe preguntarse por qué
lo que nos horroriza ver fuera de nuestra tribu
lo toleramos cuando ocurre dentro de ella.

A veces creo que no hemos cambiado tanto respecto a aquella sociedad de tribus íberas, asentadas cada una en su monte amurallado, cada cual con su cacique, en conflicto constante las unas con las otras, acostumbradas a que los avances y la modernización llegaran de fuera.

Algo así pudo comprobar el propio George Orwell cuando, años antes de escribir su novela *1984*, llegó a Barcelona en plena Guerra Civil para enrolarse en la milicia del POUM (Partido Obrero de Unificación Marxista) y colaborar en la lucha contra el fascismo.

Para sorpresa de Orwell, lo que encontró en la retaguardia fue un conflicto abierto entre trotskistas, anarquistas y comunistas, que se acusaban mutuamente de colaborar con el fascismo, luchando entre ellos por el control de los diversos barrios de la ciudad, mientras en el Frente de Aragón se libraba una guerra.

Los enfrentamientos en plena calle
obligaron a Orwell a refugiarse durante
unos días en una azotea de las Ramblas,
en el edificio del actual Teatro Poliorama.

Allí pudo ser testigo de cómo,
en las épocas más duras,
emergen todos los conflictos latentes.

Ya que hablamos de la mierda a flote,
y volviendo a los últimos instantes de esplendor
del inestable tinglado económico que había sustentado la burbuja
durante años, demos paso al punto de inflexión que
hizo que todo estallara por los aires...

... y que saliera a flote mucha, muchísima mierda.

Antes que nada debemos entender
el principal dogma del actual capitalismo:

EL DINERO DEBE TRABAJAR

Millones de inversores viven obsesionados en colocar su capital allí donde pueda rendir más. Y en los países occidentales este flujo de dinero ha ido abandonando la economía productiva (industria) por la economía financiera.

En EE.UU., a finales de los 90, la multiplicación de grandes fortunas obsesionadas con crecer ilimitadamente disparó la demanda de nuevos y complejos productos financieros que dieran más beneficios a cambio de correr más riesgo.

Complicados mecanismos de inversión, como el mercado de derivados, son la polla en vinagre en el negocio de sacar dinero de la nada, en un proceso que dista poco de las apuestas en un casino.

Uno de los principales chiringuitos financieros que se montaron en EE.UU. durante la década de los 2000 fue el siguiente:

algunos prestamistas (sociedades hipotecarias) empezaron a conceder créditos a destajo a individuos sin solvencia alguna. Eran las famosas hipotecas *subprime*, que daban muchos más intereses que el resto debido a la alta probabilidad de impago por parte del cliente.

Sin embargo, estos prestamistas habían perdido el miedo al riesgo de impago, puesto que cada vez les era más fácil vender estas hipotecas a la banca de inversión y deshacerse del muerto.

La banca de inversión cogía esas hipotecas basura y para emmascarar su fetidez las envolvía junto con otros productos financieros de distinta calidad en forma de paquetes de derivados, conocidos como CDO, que sorprendentemente no significa «Compra Diarrea de mi Ojete», sino «Collateralized Debt Obligations».

Luego se dirigían a las agencias de calificación (encargadas de poner nota a los productos financieros según su fiabilidad) que, muy amablemente (guiño, guiño), calificaban esas CDO con las notas más altas.

Tras estos pequeños retoques, la banca de inversión ya estaba lista para vender sus CDO a miles de incautos inversores que no eran conscientes de lo que estaban comprando...

... en una trama que, por obra y gracia de la globalización, inundó de activos tóxicos medio mundo.

La avaricia creciente en Wall Street, junto con unas leyes cada vez más permisivas, alentaron esta y otras muchas prácticas chiringuitiles, hasta convertir el mercado financiero estadounidense en un sistema extremadamente vulnerable al menor bache.

Así, a principios del año 2008, una pequeña desaceleración de la economía empezó a hundir a algunos prestamistas que, al no poder colocar más hipotecas en el mercado, quedaron insolventes.

Asimismo, diversos bancos de inversión, con miles de millones de dólares en CDO ahora ya invendibles, cayeron también en la insolvencia.

La Reserva Federal y el Gobierno se vieron obligados a intervenir para frenar esta cadena de insolvencias que amenazaba con arrastrar a toda la economía estadounidense, mediante la nacionalización de las entidades en quiebra (prestamistas, bancos, aseguradoras...), o avalando la compra de éstas por parte de terceros.

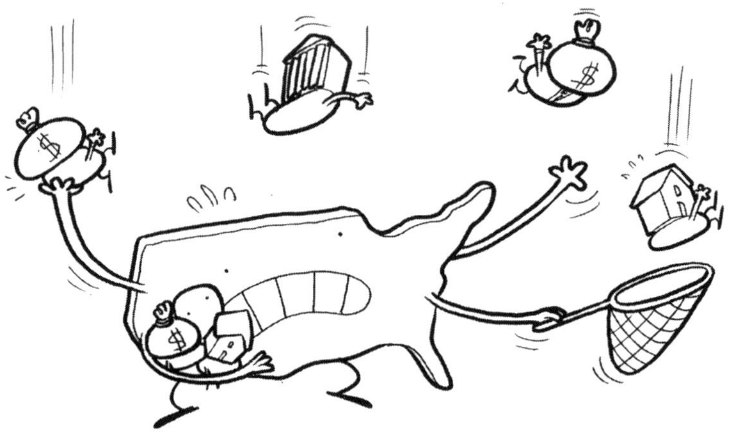

El auténtico punto de inflexión llegó en septiembre de 2008, con la inminente quiebra de Lehman Brothers, un auténtico gigante de la banca de inversión.

Esta vez, las autoridades se acojonaron ante el previsible pozo sin fondo para las arcas públicas que podría representar la nacionalización de este banco. Y el 15 de septiembre del mismo año no tuvieron más remedio que dejarlo quebrar.

Fue una hecatombe.

La caída de Lehman Brothers representó la mayor quiebra de la historia, dejando a sus acreedores un agujero de 613.000.000.000$.

Miles de millones de dólares se esfumaron de golpe.

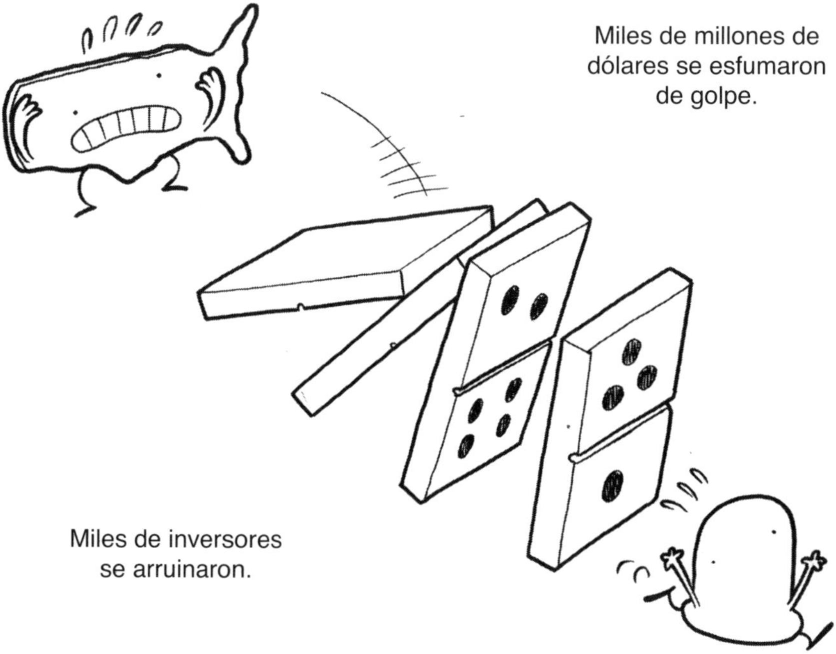

Miles de inversores se arruinaron.

Y otros tantos bancos y empresas de todo el mundo se vieron afectados por la onda expansiva.

El miedo se apoderó del mercado financiero global, inundado como estaba de activos tóxicos de origen estadounidense potencialmente incobrables.

Se propagó una atmósfera de incertidumbre ante el desconocimiento de quién estaba y quién no estaba salpicado por esos activos.

Y claro, cuando no puedes fiarte de la solvencia de nadie, es mejor no prestar dinero a nadie. Esto generó de rebote el auténtico drama, un problema mucho mayor que el conjunto de afectados directos por la quiebra de Lehman Brothers:

un descomunal

PÁNICO BANCARIO

Significó la paralización
repentina de los flujos de crédito
en un sistema extremadamente
dependiente de ellos.

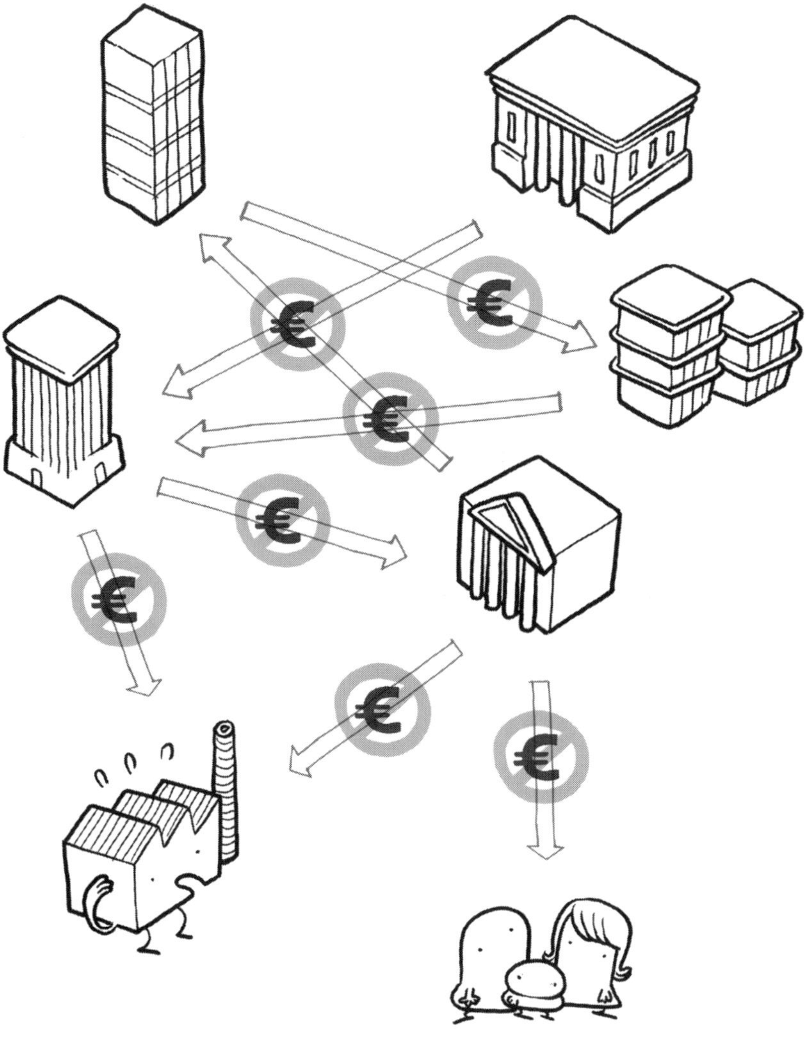

El pánico bancario
no fue sino una sobre-
reacción de los inversores y
las entidades de crédito ante
un problema magnificado.
Llevaron su precaución al
límite y generaron con ello
otro problema mayor.

Vamos, igual que las
viejas de mi barrio vaciando
los supermercados durante
la huelga de transportes.

También podemos comparar este fenómeno con una alergia.
Por ejemplo: si yo, que soy Mr. Alergias, me zampo un melocotón,
mi sistema inmunitario entra en pánico y dispara la producción de
histamina, que hincha mi cara como una patata hasta convertirme
en el hermano feo de Quasimodo.

Es decir, que el problema no es el melocotón,
sino la sobrerreacción de mi cuerpo ante él.

Con el paso de los meses, la situación se fue calmando y el crédito reapareció tímidamente.

Zapatero, que en economía, al parecer, se hacía asesorar por el gabinete astrológico de Paquita Villalonga, salió a la palestra afirmando que España había salido indemne del terremoto financiero.

Aunque en cierto modo tenía razón, pues las finanzas españolas eran de las menos expuestas a los activos tóxicos estadounidenses, obvió algo importante.

Y es que la euforia prestamista de los mercados extranjeros, de la que tanto dependía la economía española, no volvería nunca más.

Nuestra propia burbuja inmobiliaria, además, acababa de explotar de una forma peligrosamente silenciosa.

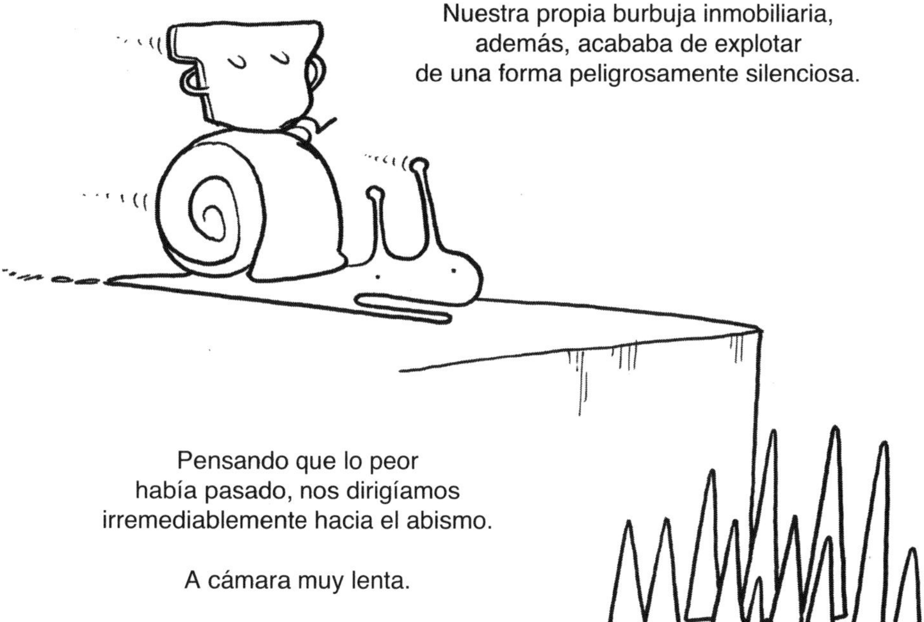

Pensando que lo peor había pasado, nos dirigíamos irremediablemente hacia el abismo.

A cámara muy lenta.

Tu «yo» del año 2009.

Tu «yo» del 2012.

Aun así, el presidente del Gobierno continuaba apelando a la antigua «verdad colectiva» del optimismo, pensando que sería suficiente para mantenernos a flote.

Vamos, que Zapatero pretendía aliviar la monumental resaca a base de prolongar la borrachera.

Esta fue, precisamente, la fórmula que utilizaron los bancos centrales de EE.UU. y Europa para contrarrestar el pánico bancario.

A partir de 2008 empezaron a inyectar ingentes cantidades de dinero barato al mercado financiero para reflotar la economía, puesto que la falta de liquidez de muchos bancos amenazaba con provocar otra cadena de insolvencias.

Se trataba de repetir
la estrategia utilizada en
la anterior crisis financiera,
tras el estallido de la burbuja
punto com (generada por la
sobrevaloración de las acciones
de diversas compañías de
internet) hacia el año 2000.

Por aquel entonces también
se procedió a bajar los tipos
de interés e inundar el sistema
de dinero barato.

El problema es que fue precisamente
esta fórmula la que provocó la posterior
orgía crediticia de mediados de la década,
seguida de más y mayores burbujas, que
terminaron por reventar a partir de 2007.

Y en 2008, en vez de regular
y poner orden en el prostíbulo financiero,
se volvió a las tácticas de mercadillo.

En esta ocasión, sin embargo, la medicina no pareció surtir efecto. La economía continuó deteriorándose, mientras que las inyecciones de liquidez tan sólo consiguieron ralentizar la caída al vacío.

Se debió, entre otras cosas, a que la mayoría del dinero procedente de los bancos centrales era utilizado por la banca privada para tapar sus vergüenzas y sanear su desastrosa contabilidad, en vez de hacerlo llegar a la economía real (empresas y familias).

Y, sin acceso a la financiación, lo más lógico era que la economía productiva y el consumo continuaran hundiéndose.

Muchos expertos avisan de que, por mucho que se esfuercen los bancos centrales, ya no será posible recuperar el anterior modelo chupimegachachi que permitía a todo el mundo acceder a crédito barato.

Y empieza a hacerse evidente que la última bonanza no fue sino un espejismo provocado por un exceso de optimismo crediticio que no tuvo en cuenta los riesgos que se estaban asumiendo.

No se trata ya de la burbuja financiera global ni de las distintas burbujas inmobiliarias de algunos países como el nuestro, sino de un montón de sectores que, de rebote, se han sobredimensionado.

Me refiero, en el caso de España,
a la burbuja del fútbol de élite,
junto con los sueldos de los futbolistas,
la burbuja de publicidad en los medios,
la burbuja de la prensa, de pago o gratuita,
la burbuja de la industria editorial,
la burbuja del sector aeroportuario,
la burbuja de títulos universitarios...

... y por supuesto la burbuja financiera
y nuestra descomunal burbuja inmobiliaria.

Sectores, todos ellos, con un volumen adquirido
que es totalmente inviable a largo plazo.

Poco a poco, desde 2007, se ha ido abandonando el excesivo optimismo por el actual ambiente de excesiva desconfianza, que hace que los que cuentan con grandes capitales no los suelten así como así.

Y cuando los capitales no fluyen, la economía sufre lo más parecido a un infarto.

Se acabó la década prodigiosa,
esa que dio lugar a tantas
burbujas y burbujitas que
podríamos bautizarla como
La Década Freixenet.

Iniciamos, tras ella,
una época en la que
vamos a ver estallar,
lenta y progresivamente,
muchas de ellas.

Pero quizá algunos
de esos sectores
sobredimensionados
recurrirán a cualquier
tipo de trampas y atajos
para mantener su
tamaño artificial
algún tiempo más.

Otro de los sectores que empezó
a colapsar tras esta crisis de modelo
fue el mercado de la deuda soberana,
es decir, la deuda que emiten los estados.

La desconfianza extendida entre los
inversores empezó a ensañarse con
los países más débiles y que menos
garantías ofrecían a la hora de
devolver el dinero prestado.

La dificultad creciente para encontrar
financiación, unida a la progresiva
bajada en la recaudación de impuestos
por actividad económica, arrastró
a muchos estados a una espiral
de falta de liquidez que aún perdura.

Ha sido el caso de Irlanda, Portugal,
Italia, Grecia y España, cuyos estados
han tenido que ser intervenidos en mayor o
menor medida por las autoridades europeas
y el Fondo Monetario Internacional para
evitar otra cadena de insolvencias,
en este caso estatales.

Es el instante en que se
empieza a sacar la tijera de los recortes
indiscriminados, bajo la premisa de que,
si el estado no puede aumentar sus ingresos,
lo que debe hacer es reducir sus gastos.

Y así es como llegamos
al Doble Combo, esa doble penetración
anal sufrida por el ciudadano de a pie.

Sin acceso a crédito por una parte,
y con un aumento de impuestos y una
disminución de los subsidios y del estado
del bienestar, por otra.

Pero lo más
indignante es que,
mientras la población
ha visto acelerada
su caída al vacío, los
principales sectores
de poder han podido
suavizar su descalabro
gracias a las arcas
públicas, ya sea con
la concesión de ayudas
extraordinarias (caso
de la banca) o con un
privilegiado trato de favor
en la prorrogación del
pago de impuestos
(caso del fútbol de élite).

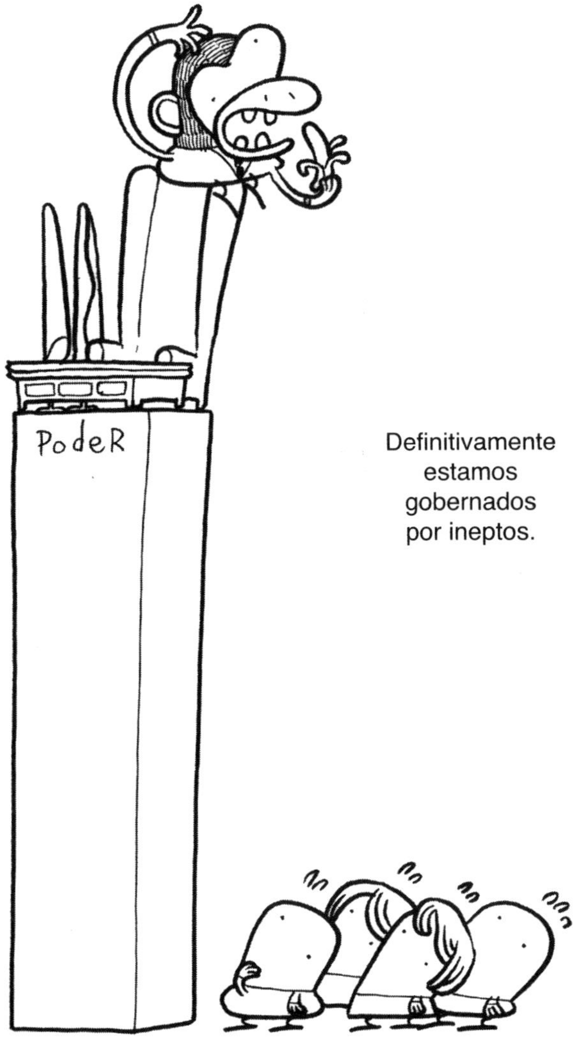
PodeR
Definitivamente estamos gobernados por ineptos.

Ineptos que han permitido que se formara una bola de problemas monstruosa y que han generado una inmensa deuda colectiva que tardaremos décadas en pagar.

El día que nuestros hijos y nietos se percaten de que deben abonar parte de la factura pendiente...

... van a mear en nuestras tumbas.

Para hacernos una idea
del alcance de este pitifoscio global
podemos recurrir a la opinión
de uno de los mayores expertos
mundiales en finanzas:

George Soros

Hablando de
la Gran Depresión
de los años 30...
¿cómo acabó?

Lo cierto es que algunos de los daños colaterales que generó el crack bursátil de 1929 fueron ciertamente espeluznantes.

El presidente Herbert Hoover, tras comprobar al fin que la crisis iba a ser larga y profunda, decidió tomar medidas extraordinarias. Una de ellas fue ordenar la repatriación urgente de todo el dinero que EE.UU. había prestado a Alemania para que se recuperara de los efectos de la Primera Guerra Mundial (1914-1918).

Esta reclamación fue letal para la economía alemana, que había empezado a levantar cabeza después de muchos años de penurias. La obligación de devolver de golpe tal suma de dinero (14.000.000.000 de marcos) estranguló su sector financiero, que finalmente quebró en 1931.

Los alemanes se vieron, de nuevo, hundidos en la miseria. Para su herido orgullo nacional, era la gota que colmaba el vaso tras haber tenido que sufrir las duras condiciones impuestas por los países que la habían derrotado en la Primera Guerra Mundial.

La frustración general fue campo abonado para el auge de corrientes extremistas y líderes demagogos que prometieran recuperar la autoestima nacional perdida.

Un (hasta entonces irrelevante) grupúsculo fascista, el partido nazi, pasó de cosechar un 2,6% de votos en las elecciones de 1928 a conseguir un 33% en los comicios de 1932.

Su discurso oficial aprovechó la desconfianza de la población hacia el capitalismo, al que muchos culpaban de la pobreza general, y canalizó el odio hacia la minoría judía, que controlaba gran parte del sistema financiero.

El resto de la historia ya la conocéis.

Mientras tanto, en EE.UU., las elecciones a la presidencia de 1932 le dieron a Hoover una patada en el culo y proclamaron a Franklin Delano Roosevelt nuevo presidente.

Roosevelt decidió que, para afrontar la profunda crisis, la mejor arma era un aumento del gasto público que fluyera hasta las clases más bajas. Así que ideó un paquete de medidas que incluía nuevos subsidios por desempleo, pensiones, cobertura social y sanitaria y un gran plan de construcción de infraestructuras.

A este ambicioso programa lo llamó New Deal (nuevo acuerdo).

Aun así, la economía estadounidense tuvo que afrontar una larga y dolorosa travesía por el desierto durante el resto de la década de los años 30, con sucesivas recaídas cada vez que se reducía el gasto público.

De hecho, la economía solamente se recuperó del todo cuando EE.UU. encontró un inesperado oasis.

Este oasis fue, nada más y nada menos, que la guerra...

... o, mejor dicho, el aumento del gasto militar ante la inminencia de la Segunda Guerra Mundial contra Alemania y Japón, que revitalizó la economía y permitió, irónicamente, que en 1940 se lograra, al fin, el pleno empleo.

Si queréis buscar paralelismos con la actualidad, ya es cosa vuestra.

Podemos concluir,
volviendo al año 2012,
que lo que nos espera
para salir de esta va a ser,
cuando menos, entretenido.

Así que pongámonos
cómodos para contemplar
el espectáculo...

... mientras
presenciamos
cómo toda la
mierda generada
durante años
sale a flote.

Algunos medios politico-económicos de recomendado seguimiento:

PRENSA DIGITAL:

Cotizalia.com
Expansion.com
Eleconomista.es
Cincodias.com
Finanzas.com
Libremercado.com
Lacartadelabolsa.com
Diarionegocio.es
Businessinsider.com

BLOGS:

Fedeablogs.net
Gurusblog.com
Politikon.es
Elblogsalmon.com
Salaimartin.com
Blogs.cincodias.com
Cotizalia.com/opinion
Krugman.blogs.nytimes.com
Euribor.com.es
Losmercadosfinancieros.es
Fundacioncivil.org
Desdeelexilio.com
Dfc-economiahistoria.blogspot.com
Elsentidodelavida.com